Naturführer
für Kids

Heimische
Insekten

Einführung

Wusstest du schon, dass sich Leucht-käfer an- und ausschalten können? Oder dass Ameisen sich Haustiere halten? Dieses Buch verrät dir, woran du die 45 interessantesten heimischen Insektenarten erkennst, wo du sie vorfindest und wovon sie sich ernähren.

Insekten entdecken

Sie sitzen im Wald an Baumstäm-men und im Garten unter Steinen, schwirren über Feldern durch die Luft und auf Blumenwiesen von Blüte zu Blüte. Sie sind auf Grä-sern und Stän-geln auf Nah-rungssuche oder krabbeln an Bach- oder

Teichufern her-um – wenn du nur die Augen offen hältst und genau hin-siehst, findest du draußen fast überall Insekten. Pirsche dich ganz behutsam an sie heran und beobachte sie genau. Dann vergleiche deine Entdeckun-gen mit den entsprechenden Seiten im Buch, und bald schon bist du ein echter Insektenkenner! Aber Vor-sicht: Fang oder verletze die Tiere niemals und halte immer sicheren Abstand zu denen, die dich stechen könnten!

Insektentipps

Unter der Rubrik „Lustig und spannend" findest du Seltsames, Spaßiges und Wichtiges über die winzigen Tierchen – wetten, dass du deine Freunde damit in Erstaunen versetzt?

Inhalt

Schwalbenschwanz

Papilio machaon

 ### Wie sieht er aus?

Der Schwalbenschwanz ist ein auffällig schöner Falter. Er hat hellgelbe Flügel, die von schwarzen Linien und dickeren Bändern wie von einem Netz durchzogen werden. An den dunklen äußeren Flügelrändern siehst du gelbe Flecken wie auf einer Perlenkette aufgereiht. An den Hinterflügeln sind innen zwei rot-blaue Augenflecken, und auch weiter außen ziehen sich blau schimmernde Flecken entlang.

 ### Wo findet man ihn?

Schwalbenschwänze findest du vor allem auf Blumenwiesen und in Gärten. Sie sind sehr flugstark und deshalb nicht besonders abhängig von Windströmungen.

 ### Was frisst er?

Schwalbenschwänze saugen Nektar an vielen Blüten.

Lustig und spannend

Der Name Schwalbenschwanz kommt daher, dass seine hinteren Flügel wie zu einem kleinen Schwanz verlängert sind. Er ist ein geschützter Falter, da er nur noch selten vorkommt und als bedrohte Art gilt. Du hast also Glück, wenn du einen entdeckst!

Schwalbenschwanz-Raupe

Papilio machaon

Wie sieht sie aus?

Die auffälligen Raupen des Schwalbenschwanzes sehen ganz unterschiedlich aus. Gemeinsam ist ihnen, dass sie aus Querbändern zu bestehen scheinen. Diese haben mal einen mehr, mal einen weniger großen schwarzen Anteil. Viele zeigen jedoch auch einen Grünton, von türkisblau bis hin zu leuchtend hellgrün. Die erwachsene Raupe trägt außerdem ein Band orangefarbener Punkte längs auf ihrem Körper.

Wo findet man sie?

Schwalbenschwänze sind leider selten geworden, nur in Süddeutschland sind sie noch häufiger anzutreffen. Die Raupen treten meist einzeln auf, an Waldrändern, auf Wiesen oder in Gärten, wo sie ihre bevorzugte Nahrung finden.

Was frisst sie?

Die Schwalbenschwanz-Raupen knabbern die Blüten von bestimmten Pflanzen wie Möhren, Dill, Kümmel oder Fenchel.

Lustig und spannend

Die Raupen dieser Art haben einen besonderen Trick, um Angreifer abzuschrecken: eine fleischige, orangefarbene „Nackengabel". Sie kann bei Störungen ausgestülpt werden und einen unangenehmen, beißenden Geruch ausströmen.

Tagpfauenauge *Inachis io*

Wie sieht es aus?

Das Tagpfauenauge ist ein Schmetterling, den du bei uns noch häufig entdecken kannst. Es ist 4–6 cm groß und seine Flügel sind oben samtig rotbraun, am Rand hellbraun gesäumt. Auf allen vier Flügeln siehst du große, so genannte „Augenflecken" in schillerndem Blau und Gelb. Die Unterseiten sind grauschwarz gefärbt und tarnen den Falter, wenn er mit gefalteten Flügeln auf einem Ast oder Stamm sitzt.

Wo findet man es?

Tagpfauenaugen kommen überall im offenen Gelände vor, an blütenreichen Waldrändern, in Gärten und an Straßenböschungen. Du findest sie auch mitten in der Großstadt.

Was frisst es?

Die Falter saugen Nektar an Blüten. Die Raupen, die schwarz sind und wie mit Dornen besetzt, fressen Brennnesselblätter.

Lustig und spannend

Brennnesseln, für uns Menschen ja nur ein lästiges Unkraut, bieten für Tagpfauenaugen unverzichtbare „Kinderzimmer". Sie legen im Frühjahr viele Eier auf die jungen Pflanzen. In der Sonne sind diese schnell von grauen Gespinsten überzogen, in denen die Raupen heranwachsen.

Hauhechel-Bläuling
Polyommatus icarus

Wie sieht er aus?

Dieser Schmetterling gehört zu den Bläulingen. Bei ihnen unterscheiden sich Männchen und Weibchen sehr in ihrem Aussehen. Die Flügel der Männchen sind an ihrer Oberseite von einem strahlenden Hellblau, nur am Rand haben sie eine dünne, schwarze Linie und einen weißen Fransensaum. Die Weibchen sind dagegen bräunlich gefärbt, mit einigen dunkelbraunen und orangefarbenen Flecken.

Wo findet man ihn?

Der Hauhechel-Bläuling ist weit verbreitet und fliegt über Wiesen und Hängen. Die Schmetterlinge erscheinen von April bis Oktober.

Was frisst er?

Die Falter saugen Blütennektar, während die Raupen sich von den Blättern von Hauhecheln (kleine, dem Klee verwandte Sträucher), Hornklee und anderen Pflanzen ernähren.

Lustig und spannend

Bläulinge sind eine große Gruppe unter den Schmetterlingen. Die Raupen mancher Arten werden von Ameisen besucht, da sie einen zuckrigen, süßen Saft absondern, den die Ameisen gern fressen.

Kleiner Fuchs *Aglais urticae*

Wie sieht er aus?

Der Kleine Fuchs ist ein mittel-
großer Falter. Die Spannweite
seiner Flügel liegt bei 3,5–5 cm.
Sie haben eine rotbraune Grundfarbe, in die schwarze, weiße
und gelbliche Flecken einge-
streut sind. Die Flügelränder sind
deutlich gezackt und tragen eine
Linie aus blauen Flecken. Die
Unterseiten sind ganz unschein-
bar gefärbt – zur Tarnung.

Wo findet man ihn?

Der Kleine Fuchs ist einer unserer häufigsten Tagfalter, du kannst ihn
deshalb öfter beobachten. Er hat viele Lebensräume für sich erobert,
von flachen Ebenen bis zu den Gebirgen. Sogar in den Blumenkästen
der Innenstädte findet man ihn vor.

Was frisst er?

Die Falter saugen
Nektar und Baum-
säfte. Die Raupen
ernähren sich
von Brennnessel-
blättern.

Lustig und spannend

Kleine Füchse überwintern in Mauselö-
chern, Mauerspalten, aber auch in unseren Häusern. Im Frühjahr kommen sie
schon bei den ersten milden Tempe-
raturen hervor und scheinen so die
warme Jahreszeit einzuläuten.

Taubenschwänzchen

Macroglossum stellatarum

 ## Wie sieht es aus?

Das Taubenschwänzchen ist ein kleiner Falter mit graubraunen Vorderflügeln und gelbbraunen Hinterflügeln. Der Körper selbst ist von grünlich brauner Farbe und etwa 1,5 cm lang, während die Flügel eine Breite von 4 cm erreichen.

 ## Wo findet man es?

Taubenschwänzchen sind Wanderfalter, die in mehreren Gegenden leben und bei uns nur ab und zu beobachtet werden können. Du kannst sie vielleicht im Sommer entdecken, wenn sie über offenem Gelände fliegen.

 ## Was frisst es?

Die Falter besuchen Blüten und saugen dort Nektar. Ihre Eier legen sie auf Labkrautpflanzen, wo sich die Raupen entwickeln und von den Blättern ernähren.

Lustig und spannend

Ähnlich wie Kolibrivögel scheinen die Taubenschwänze schwirrend in der Luft zu „stehen", wenn sie von Blüten Nektar saugen. Dieses Stehen wird dadurch erleichtert, dass ihr Hinterleib einen Schuppenkranz hat, der wie ein Vogelschwanz aussieht. Daher haben sie auch ihren Namen!

Distelfalter *Vanessa cardui*

Wie sieht er aus?

Der Distelfalter ist mit einer Flügelspannweite von 5–6 cm ein ziemlich großer Schmetterling. Seine Farbmischung aus rotbraunen, schwarzen und weißen Flecken sorgt für eine gute Tarnung, wenn er sich am Boden ausruht. Dann können ihn mögliche Feinde nämlich nicht mehr so gut von der Erde unterscheiden.

Wo findet man ihn?

Da der Distelfalter ein Wanderfalter ist, erscheinen die Tiere in unseren Gegenden ab etwa Mai und fliegen dann – mal in großer Anzahl mal eher vereinzelt – über offenem Gelände. Sie können den Winter bei uns nicht überleben.

Was frisst er?

Die Falter ernähren sich von Blütennektar. Die Raupen fressen die Blätter von Disteln (Name!), Brennnesseln und vielen anderen Pflanzen.

Lustig und spannend

Der Distelfalter bewohnt eigentlich die Steppen in tropischen Erdzonen. Wenn dort die Nahrung, z. B. durch lange Trockenheit, knapp wird, wandern die Tiere ab. Bei günstigen Windverhältnissen schaffen sie es über das Mittelmeer und die Alpen bis zu uns.

Kaisermantel   *Argynnis paphia*

Wie sieht er aus?

Der Kaisermantel kann eine Flügelspannweite von 6–8 cm erreichen. Die Männchen sind leuchtend rotbraun gefärbt, mit einem Muster aus schwarzen Streifen und Flecken. Die Weibchen sind olivbraun, ohne Streifen. Beide tragen auf den Hinterflügeln grüne und violett-silbrige Muster, und zwar auf der Unterseite. Wenn die Flügel zusammengeklappt sind, tragen diese zur Tarnung des Falters bei.

Wo findet man ihn?

Zur Hochsommerzeit kannst du den Kaisermantel in Waldnähe, am Waldrand, an Lichtungen und auf Waldwegen, an denen Kräuter wachsen, entdecken.

Was frisst er?

Die Falter saugen Blütennektar, oft an Disteln. Sie legen ihre Eier an den Fuß von Baumstämmen, in die Nähe von Veilchen. Nach der Überwinterung werden die Veilchen von den Raupen aufgesucht und dienen ihnen als Nahrung.

Lustig und spannend

Der Kaisermantel ist ein geschützter Falter. Bei Schmetterlingen musst du ganz besonders Acht geben, sie nie zu berühren, da ihre Flügel sonst sofort verletzt werden.

Großer Kohlweißling

Pieris brassicae

 ## Wie sieht er aus?

Der Große Kohlweißling ist ein gelblich weißer Schmetterling mit einer Flügelspannweite von bis zu 7 cm. An den Flügelspitzen ist er schwarz gefärbt. Die Weibchen erkennst du daran, dass sie zusätzlich zwei schwarze Flecken auf den Vorderflügeln haben.

 ## Wo findet man ihn?

Der Kohlweißling erscheint im Frühjahr. Du kannst ihn an verschiedenen Stellen beobachten: in offenem Gelände, in Wiesen und Gärten. Er sitzt z. B. auf den Blüten von Wiesenschaumkraut und Kapuzinerkresse, aber auch an vielen anderen.

 ## Was frisst er?

Die Falter ernähren sich von Blütennektar. Die Raupen fressen sich durch Kohlpflanzen auf Feldern und in Gärten. Grünkohl und Kohlrabi mögen sie besonders. Sie können, wenn sie in Massen auftreten, großen Schaden anrichten.

Lustig und spannend

Bevor eine Raupe sich verpuppen und zum Falter werden kann, streift sie ihre Haut mehrmals ganz und gar ab. Sie häutet sich vier- bis fünfmal in ihrem Leben.

Weidenbohrer-Raupe

Cossus cossus

 ## Wie sieht sie aus?

Der Weidenbohrer ist als Falter nur nachts aktiv. Die Raupen kann man dagegen auch tagsüber finden. Sie sind kaum zu verwechseln: Sie erreichen eine Länge von bis zu 7 cm und haben eine auffällige, rote Fleischfarbe sowie einen schwarzen Kopf- und Nackenschild.

 ## Wo findet man sie?

Weidenbohrer-Raupen bevorzugen nicht nur das Holz von Weiden, sondern auch von anderen Laubbäumen. Sie sind in Auenwäldern, Waldgebieten, Obst- und Hausgärten zu finden.

 ## Was frisst sie?

Die Raupe ist nicht sehr wählerisch und ernährt sich vom Holz vieler Laubbäume wie Pappeln, Obstbäumen, Ulmen, Erlen, Eichen oder Birken – und eben Weiden!

Lustig und spannend

Die Larven brauchen lange für ihre Entwicklung und überwintern mehrmals. Wenn ihnen ein Baum nicht mehr genug Nahrung bietet, können sie auf andere Bäume überwandern. Man erkennt einen Weidenbohrerbefall an dem deutlichen Geruch nach Essig.

Admiral _Vanessa atalanta_

Wie sieht er aus?

Der Admiral ist ein großer Schmetterling, mit einer Flügelspannweite von 5–6 cm. Er zeigt auf dunklem Grund leuchtende Flecken in Rot und Weiß. Die Flügelränder haben außen viele regelmäßige Ecken, nur nach vorne hin zeigen sie eine glatte Linie. Wenn du die Flügel von unten betrachtest, kannst du ein Marmormuster erkennen, das eine hervorragende Tarnung darstellt.

Wo findet man ihn?

Der Admiral ist in unseren Gärten von Mai bis Oktober zu bewundern.

Was frisst er?

Admirale saugen Blütennektar, und im Herbst naschen sie auch gerne an Fallobst. Die Raupen leben meist auf und von Brennnesseln.

Lustig und spannend

Der Name des Falters kommt daher, dass seine Farben (Schwarz, Weiß und Rot) die Farben früherer Admiralsuniformen sind. Allerdings kommt der Falter genau wie ein Seemann weit in der Welt umher. Er ist nämlich ein Wanderfalter aus Südeuropa. Im Frühjahr überqueren einige Falter die Alpen und fliegen nordwärts, mitunter bis nach Schweden!

Thymianwidderchen

Zygaena purpuralis

Wie sieht es aus?

Widderchen sind eher kleine Schmetterlinge, die meist tagsüber fliegen. Ihre Antennen sind oft keulenförmig verdickt oder tragen viele
kleine Zähne wie ein Kamm. Kennzeichen des Thymianwidderchens
sind drei verwaschen rote Streifen, die längs über seine Vorderflügel
verlaufen. Die Spannweite seiner Flügel liegt bei 2,5–3,5 cm.

Wo findet man es?

Das Thymianwidderchen lebt vor allem
an sonnigen Orten, gerne auf mageren
Wiesen und Sandböden. Auf landwirt-
schaftlichen, überdüngten Wiesen wirst
du es nicht finden.

Was frisst es?

Wie der Name schon sagt,
haben sich diese Widder-
chen auf wilden Thymian
(Quendel) als Nahrung spezialisiert. Dieser ist bei uns
nur selten in der freien
Natur zu finden, und
wenn, dann hauptsächlich
in südlicheren Breiten.

Lustig und spannend

Die Schmetterlingsfamilie der Widderchen wird manchmal auch „Blutströpf-
chen" genannt – wegen der leuchtend
roten, manchmal tropfenförmigen Zeichnung ihrer Vorderflügel.

Achateule Phlogophora meticulosa

Wie sieht sie aus?

Die Achateule ist ein ungewöhnlich aussehender Falter. Sie hat eine ganz eigene Zeichnung und dazu noch eine ungewöhnliche Flügelform. Die zerknitterten Vorderflügel sind gelblich bis olivbraun und haben einen gezackten Rand. In der Mitte ist eine Zeichnung aus Dreiecken, die ineinander geschachtelt sind. Die Hinterflügel sind heller, mit dunklen Querlinien. Hinter dem Kopf trägt die Achateule eine Art Kragen.

Wo findet man sie?

Die Achateule ist gar nicht so selten und kommt sogar in städtischen Gegenden vor. Allerdings ist sie ein Nachtfalter, nach dem du sorgfältig Ausschau halten musst. Manchmal fliegt sie abends das Licht an, dann ist eine gute Gelegenheit!

Was frisst sie?

Die Raupen nehmen verschiedene Krautpflanzen als Futterquelle, so z. B. Brennnesseln, Löwenzahn, Salat oder Brombeeren.

Lustig und spannend

Die Achateule ist ein Wanderfalter. Einige wenige überwintern bei uns als Raupen. Die Falter, die du bei uns im Sommer und Herbst sehen kannst, sind fast alle aus dem Süden eingeflogen.

Großer Leuchtkäfer

Wie sieht er aus?

Glühwürmchen sind gar keine Würmer, sondern Käfer. Sie heißen eigentlich Leuchtkäfer. Das Weibchen sieht allerdings tatsächlich aus wie ein graubraun gepanzerter Wurm und hat auch keine Flügel. Das geflügelte Männchen ist käferähnlicher. Leuchtkäfer haben eine ganz besondere Eigenschaft: Sie können Licht erzeugen! Die Weibchen tragen an ihrem Hinterteil ein Leuchtorgan, das auf chemischem Weg ein grünliches Glühen erzeugt.

Wo findet man ihn?

Leuchtkäfer mögen keine Trockenheit und halten sich vor allem in feuchten Gebüschen, Wiesen und an Bachufern auf. Dort kannst du sie in Juni- und Julinächten leuchten sehen.

Was frisst er?

Die Larven ernähren sich von Schnecken. Die erwachsenen Käfer nehmen im Laufe ihres sehr kurzen Lebens gar keine Nahrung mehr zu sich.

Lustig und spannend

Die Weibchen können ihr Leuchten regelrecht an- und ausschalten und locken mit diesem Blinken die Männchen an. Früher fing man Glühwürmchen und sperrte sie in engmaschige Drahtkäfige – fertig war die Laterne!

Maikäfer *Melolontha melolontha*

Wie sieht er aus?

Maikäfer sind große, kräftige Insekten, die bis zu 3 cm lang werden können. Sie sind sehr unterschiedlich gefärbt. Die verschiedenen Schildchen z. B. an Kopf oder Hals sind meist schwarz, die Beine, Flügel und Fühler oft kräftig rotbraun. Die Decken der Flügel sind deutlich gerippt. Besonders die Fühler werden dir auffallen: Sie sehen aus wie kleine Fächer.

Wo findet man ihn?

Maikäfer findest du vor allem in Laubwäldern, an Waldrändern und auf Feldern. In manchen Jahren treten sie im Mai in großen Mengen auf. Sie fliegen nur in den Abendstunden zur Nahrungsaufnahme und sind tagsüber sehr träge.

Was frisst er?

Maikäfer vertilgen große Mengen Blätter, sodass sie bei einem Massenbefall ganze Wälder kahl fressen können. Die Larven leben unter der Erde und nagen die Wurzeln der Pflanzen an, weshalb auch sie schädlich werden

Lustig und spannend

Die Larven der Maikäfer heißen Engerlinge. Sie haben einen dicken, gekrümmten Körper und bewegen sich kaum. Sie leben im Boden und brauchen bis zu 4 Jahre, um erwachsen zu werden. Wenn diese Zeit um ist, folgen die so genannten „Maikäferjahre".

Kartoffelkäfer

Leptinotarsa decemlineata

Wie sieht er aus?

Kartoffelkäfer sind klein und rundlich mit einem stark gewölbten Rücken. Du erkennst sie vor allem an ihren schwarzen und gelben Streifen auf dem Hinterleib. Ihre Beinchen sind nicht besonders kräftig, weshalb sie nur sehr langsam krabbeln können. Dafür sind sie aber gute Flieger.

Wo findet man ihn?

Du wirst es schon vom Namen her ahnen: Der Kartoffelkäfer lebt vor allem auf Kartoffelfeldern. Ursprünglich war seine Heimat Nordamerika, aber inzwischen ist er in der ganzen Welt zu Hause. Die Käfer fliegen von April bis Oktober.

Was frisst er?

Vor allem frisst er Kartoffelblätter. Im Notfall ernährt er sich auch von Pflanzen, die der gleichen Familie angehören wie die Kartoffel, den so genannten „Nachtschattengewächsen".

Lustig und spannend

Wenn sich die Larven oder auch die erwachsenen Käfer bedroht fühlen, können sie eine Flüssigkeit absondern, die eine grelle, abschreckende Färbung hat. Und schon die auffällige gelb-schwarze Streifung auf ihrem Körper soll ihren Feinden sagen: Ich bin ungenießbar!

Siebenpunkt-Marienkäfer
Coccinella septempunctata

Wie sieht er aus?

Der Siebenpunkt ist eine der bei uns häufigsten Marienkäferarten. Sein Name weist schon darauf hin: Er hat (meist) sieben schwarze Punkte auf seinen leuchtend roten Flügeldecken. Das Käferchen ist kleiner als 1 cm. Andere Arten haben eine gelbe Grundfarbe und sowohl mehr als auch kleinere Punkte.

Wo findet man ihn?

Marienkäfer hast du sicher schon oft gesehen. Sie kommen fast das ganze Jahr über vor und leben sowohl in der freien Natur als auch in unseren Städten, in Gärten und auf Balkons.

Was frisst er?

Die erwachsenen Käfer, aber vor allem auch die gefräßigen Larven, ernähren sich ausschließlich von Blattläusen und sind so sehr nützliche Schädlingsvertilger.

Lustig und spannend

Weil sie so hübsch aussehen und so nützlich sind, gelten Marienkäfer als Glücksbringer. Wenn Gefahr droht, ziehen sie die Beine ein und stellen sich tot. Zur Not können sie aber auch eine orangefarbene, übel riechende Flüssigkeit absondern, und zwar aus den Kniegelenken!

Distelbock

Agapanthia villosoviridescens

Wie sieht er aus?

Der Distelbock ist ein kleinerer Käfer von etwa 1 cm Körperlänge. Seine Flügeldecken sind gelb und grau gefleckt, während Kopf und Halsschild gelb-schwarze Längsstreifen tragen. Die Fühler des Käfers sind fast so lang wie sein Körper und grau-schwarz geringelt.

Wo findet man ihn?

Den Distelbock kannst du an Waldrändern und an Waldwegen finden. Die Larven entwickeln sich in den Stängeln von krautigen Pflanzen, wo sie auch überwintern.

Was frisst er?

Der Distelbock ernährt sich vor allem vom Kraut verschiedener, nicht allzu holziger Pflanzen, wie z. B. Disteln (daher sein Name) oder Brennnesseln.

Lustig und spannend

Der Distelbock ist ein Mitglied der Familie der Bockkäfer. Zu dieser gehört auch der größte bekannte Käfer, der Riesenbockkäfer. Er lebt in Brasilien und hat eine Körperlänge von 17 cm!

Hirschkäfer *Lucanus cervus*

Wie sieht er aus?

Der Hirschkäfer hat seinen Namen von den mächtigen Greifzangen vorne an seinem Kopf, die an ein Geweih erinnern und ihn unverwechselbar machen. Es sind umgewandelte Mundwerkzeuge, die beim Männchen besonders kräftig ausgebildet sind. Greifzangen und Flügeldecken haben eine rotbraune Färbung, Hals und Kopfschild sind schwarz. Die Männchen werden bis 7 cm, die Weibchen bis 5 cm groß.

Wo findet man ihn?

Der Hirschkäfer hat sich auf alte Eichen spezialisiert. In deren Holz findest du ihn und auch seine Larven. Weil er nur Eichenholz frisst, ist der Käfer sehr selten geworden und nun eine geschützte Art.

Was frisst er?

Der erwachsene Käfer ernährt sich von Baumsäften. Um an diese zu gelangen, ritzt er das Holz mit seinen kräftigen Mundzangen an, oder er sucht Baumwunden auf, aus denen der Saft ausfließt.

Lustig und spannend

Die Larven des Hirschkäfers leben in morschen Wurzeln, Eichenstämmen oder -stümpfen. Sie fressen und wachsen dort bis zu 8 Jahre lang und können bis zu 11 cm lang werden!

Gemeiner Mistkäfer

Geotrupes stercorarius

Wie sieht er aus?

Mistkäfer sind breite, rundliche Tiere, die glänzend schwarz gefärbt sind. Ihr Körper wirkt mit nur 2 cm Länge kräftig und gedrungen. Ihre Beine sind kurz und stämmig und mit Dornen besetzt. Auch die Fühler sind kurz und kräftig, und an ihrem Ende sind sie durch dicht stehende Blättchen verdickt.

Wo findet man ihn?

Die Käfer sind vor allem in der Dämmerung aktiv. Du findest sie – vor allem in den wärmeren Monaten – überall da, wo es Tierdung gibt, z.B. auf Wiesen und Weiden.

Was frisst er?

Die erwachsenen Käfer suchen Dunghaufen auf, graben darunter eine Grube und ziehen dann den Dung von oben herunter. Der dient als Nahrung für Käfer und Larven.

Lustig und spannend

Mistkäfer fressen Tiermist nicht nur, sie bauen damit auch Brutunterlagen für ihre Eier. Sie rollen den Dung zu großen Kugeln (meist schwerer als sie selbst) und rollen sie erstaunlich flink zu ihrem Erdloch, wo das Weibchen die Eier darauf ablegt. So haben die geschlüpften Käferlarven auch gleich etwas zu essen!

Gemeiner Weichkäfer

Cantharis fusca

Wie sieht er aus?

Er ist mit einer Körperlänge von höchstens 1,5 cm ein eher kleiner Käfer, schmal und mit sehr langen Fühlern, die fast wie starre Fäden aussehen. Sein Name kommt daher, dass seine Flügeldecken und der Körper weich sind und nicht so starr und hart wie bei anderen Käfern. Die Flügeldecken sind schwarz und eng anliegend behaart. Kopf und Brust des Weichkäfers sind rotbraun gefärbt.

Wo findet man ihn?

Die Käfer sind bei uns recht häufig. Sie sind während des Tages aktiv und dann vor allem auf Blüten anzutreffen. Im Sommer kannst du sie in größerer Anzahl an Waldrändern, auf Wiesen und Getreidefeldern finden.

Was frisst er?

Die Larven leben am Boden und jagen dort vor allem Schnecken. Auch die erwachsenen Käfer gehen auf Beutefang, können aber auch Blütennektar lecken.

Lustig und spannend

Die Weichkäferlarven sind dunkel und samtig behaart. Sie können den Winter bei uns überdauern, weshalb du sie manchmal auch im Schnee finden kannst. Das hat ihnen den Namen „Schneewürmer" verliehen.

Moschusbock *Aromia moschata*

Wie sieht er aus?

Der Moschusbock ist ein schlanker Käfer, der über 3 cm lang werden kann. Er glänzt metallisch in den verschiedensten Farbtönen, von goldgrün, blau, violett bis hin zu schwarz. Hals- und Kopfschild sind schwarz, ebenso die geschwungenen Fühler, die ebenso lang sind wie der Körper oder länger.

Wo findet man ihn?

Moschusböcke kommen in Auwäldern und an Waldrändern vor, auch in höheren Lagen. Besonders gerne mögen sie alte Weiden, Pappeln und Erlen. Im Sommer findest du sie mit etwas Glück auf Baumblüten oder am austretenden Saft der Stämme.

Was frisst er?

Die Larven leben mehrere Jahre im Holz alter Bäume, vor allem in Weiden, aber auch anderen Laubbäumen. Die erwachsenen Käfer fressen Blüten oder zuckerhaltige Baumsäfte.

Lustig und spannend

Wenn Moschusböcke sich gestört oder gar bedroht fühlen, verströmen sie einen durchdringenden, schweren und süßlichen Geruch nach Moschus, dem sie auch ihren Namen verdanken.

Rosenkäfer *Cetonia aurata*

Wie sieht er aus?

Rosenkäfer erkennst du leicht an ihrer schimmernden Metallicfärbung. Die bei uns heimischen Arten glänzen grün bis bronzefarben, meist mit einigen weißen Flecken und Strichen auf den Flügeldecken. Auf ihnen kannst du auch Längsrippen erkennen. Die Fühler tragen am Ende kleine Blattbüschel. Die Käfer erreichen eine Größe von etwa 2 cm.

Wo findet man ihn?

Rosenkäfer fliegen von April bis Oktober. Sie lieben Sonne und Wärme. Du kannst sie vor allem auf den Blüten von Rosen, aber auch auf Holunder- oder Obstblüten entdecken. Der Rosenkäfer ist nur noch selten und deshalb geschützt.

Was frisst er?

Die erwachsenen Käfer fressen besonders gerne die Blütenblätter von Heckenrosen und einigen anderen Pflanzen. Die Larven ernähren sich dagegen von vermoderndem Pflanzenmaterial und suchen dies in alten, abgestorbenen Baumstümpfen, Komposthaufen oder in Ameisenhaufen.

Lustig und spannend

Rosenkäfer müssen, um zu fliegen, nicht erst ihre Flügeldecken anheben, wie die meisten anderen Käfer. Ihre Flügeldecken haben einen seitlichen Schlitz, durch den sie ihre Hinterflügel schieben und entfalten können.

Wasserläufer *Gerris lacustris*

Wie sieht er aus?

Einen Wasserläufer hast du sicher schon einmal über das Wasser huschen sehen, ohne genau zu wissen, was für ein Tier er ist. Er gehört zu den Wanzen, ist etwa 1 cm lang, dunkel gefärbt und hat besonders lange Beine. Körper und Beine sind mit einem dichten, feinen Filz von wasserabstoßenden Haaren besetzt.

Wo findet man ihn?

Wasserläufer sind weit verbreitet und auf vielen ruhigeren Gewässern, auf Gräben und Teichen zu finden, oft auch in größeren Gruppen.

Was frisst er?

Wasserläufer sind kleine Räuber, die sich ihre Beute, meist winzige Insekten, auf der Wasseroberfläche erjagen.

Lustig und spannend

Die verschiedenen Beine der Wasserläufer haben auch verschiedene Aufgaben: Mit den kurzen Vorderbeinen ergreifen sie ihre Beutetiere. Die mittleren Beine setzen sie zur Fortbewegung ein, und die hinteren sind Steuerbeine.

Streifenwanze *Graphosoma lineatum*

Wie sieht sie aus?

Die Streifenwanze ist etwa 1 cm lang. Du erkennst sie an ihrem ganz typischen Muster aus schwarzen und dunkelroten Streifen. Sie verlaufen vom Halsschild bis zum Körperende in Längsrichtung, auf dem Schildkranz am Hinterleib aber quer zum Körper. Auch die Larven sind orangerot, aber ohne Streifen.

Wo findet man sie?

Streifenwanzen sind in Europa nur in den wärmeren Gegenden verbreitet, bei uns z.B. in den südlicheren Weinanbaugebieten. Sie suchen gerne sonnige Stellen auf, auf Wiesen, Südhängen und in Böschungen.

Was frisst sie?

Sie ernähren sich von den Säften verschiedener Pflanzen, manchmal von Beeren.

Lustig und spannend

Die intensive Färbung der Streifenwanze soll den Angreifern signalisieren, wie schlecht sie schmeckt. Und das ist wohl auch der Fall: Selbst hungrige Vögel oder Frösche lassen die Streifenwanze lieber in Ruhe. Schon ihr Geruch wirkt abschreckend genug.

Grüne Stinkwanze

Palomena prasina

Wie sieht sie aus?

Die Stinkwanze ist ein ca. 1,5 cm großes, rundliches Tier mit einem sehr flachen Körper. Die harten Flügeldecken sind über dem Rücken zusammengelegt und haben eine weiche, häutige Spitze. Das vordere Bruststück ist besonders groß und hat die Form eines Dreiecks. Im Herbst werden die sonst grünen Tiere braun, und im nächsten Frühjahr wieder grün.

Wo findet man sie?

Die Grüne Stinkwanze ist bei uns weit verbreitet und lebt an Büschen und Bäumen in der freien Natur, aber auch auf vielen Pflanzen in Gärten und Städten. Sie sticht auch gerne Beeren am Strauch an, die dadurch einen unangenehmen Geruch annehmen.

Was frisst sie?

Die Wanzen wie auch ihre Larven leben vor allem von Pflanzensäften. Wenn sie in großen Mengen auftreten, können sie z. B. auf Feldern mit noch unreifem Getreide schädlich werden. Manchmal saugen die Wanzen auch kleinere Insekten aus.

Lustig und spannend

Wie der Name schon verrät, besitzt die Stinkwanze (wie aber viele andere Wanzen auch) Stinkdrüsen. Wenn sie sich bedroht fühlt, verströmt sie einen unangenehmen „Wanzengeruch", um ihre Feinde abzuwehren.

Honigbiene

Apis mellifica

Wie sieht sie aus?

Jeder kennt natürlich unsere Honigbiene:
Ihr Körper ist dunkelbraun und mit hellen Haar-
streifen besetzt. Die durchsichtigen Flügel sind
leicht bräunlich. Bienen haben an den Hinter-
beinen Behälter zum Sammeln von Blütenpollen, und die Weibchen haben einen Giftstachel.
Honigbienen werden ca. 2 cm lang.

Wo findet man sie?

Die Honigbiene ist als „Haustier" weit verbreitet. Wilde oder auch ver-
wilderte Bienen sind selten, da sie in freier Natur nur schwer überleben können. Bienen fliegen in den wärmeren Monaten über fast alle
Blumenwiesen und sind auch zahlreich in Gärten unterwegs.

Was frisst sie?

Bienen und ihre Larven ernähren sich von Blütenpollen und Honig.

Lustig und spannend

Im Gegensatz zur Wespe kann eine
Biene nur einmal in ihrem Leben
zustechen. Ihr Stachel trägt überall
Widerhaken, und die Biene ist zu schwach, um
ihn wieder herauszuziehen. Sie stirbt deshalb,
wenn sie ihren Körper vom Stachel wegreißt.

Erdhummel *Bombus terrestris*

Wie sieht sie aus?

Die Erdhummel ist eine große Hummel, sie kann etwa 2 cm lang werden. Ihre Vorderbrust und auch der Vorderteil des Hinterleibs tragen gelbe Pelzbänder, das Hinterleibsende dagegen ist fast weiß. Die Beine sind normalerweise rotbraun, und ihre Flügel bräunlich durchsichtig.

Wo findet man sie?

Erdhummeln gehören zu den häufigsten Hummeln. Sie schwirren vor allem im offenen Gelände, auf Wiesen, Äckern, in Parks und Gärten herum.

Was frisst sie?

Erdhummeln besuchen Blüten und saugen dort Nektar. Dort kannst du sie auch besonders leicht beobachten, weil sie dann längere Zeit herumkrabbeln.

Lustig und spannend

Die Hummelweibchen bauen ihr Nest bis zu 1 m tief in die Erde (Name!). Dazu nutzen sie schon angelegte Maulwurfs- oder Mäusegänge. Sie polstern sie mit Moos aus und tränken die Waben mit einer Schicht aus Wachs, die eindringendes Wasser abweist.

Hornisse *Vespa crabro*

Wie sieht sie aus?

Die Hornisse ist eine der größten einheimischen Wespenarten, ihr Körper erreicht eine Länge von bis zu 3 cm (die Königinnen werden noch größer). Ihr langer Hinterleib ist vorne braun und nach hinten zunehmend gelb gefärbt. Ihr Muster kann allerdings sehr unterschiedlich sein. Ein Erkennungsmerkmal ist ihre rotbraune Brust.

Wo findet man sie?

Hornissen fliegen vor allem in Laubwäldern, Gärten und generell in buschreichen Gebieten.

Was frisst sie?

Sie ernähren sich vom Nektar der Blüten, von Baumsäften oder faulenden Früchten. Sie können aber auch kleine Insekten jagen und fressen.

Lustig und spannend

Viele glauben immer noch, Hornissenstiche seien besonders gefährlich, sie waren früher gar als tödlich verschrien! Wenn du aber gesund bist und nicht allergisch reagierst, ist ihr Stich auch nicht gefährlicher als ein gewöhnlicher Wespenstich. Sie würden dich zwar nicht grundlos angreifen, sei aber trotzdem vorsichtig, denn sie sind wie alle Insekten bereit, sich durch Stechen zu verteidigen, wenn sie sich bedroht fühlen!

Riesenschlupfwespe

Rhyssa persuasoria

Wie sieht sie aus?

Schlupfwespen sind eine große Familie. Die einzelnen Arten sind oft schwer auseinander zu halten. Die Riesenschlupfwespe, manchmal auch als Holzschlupfwespe genannt, ist groß, schlank und gelb-schwarz gefärbt. Sie trägt an ihrem Hinterleib einen so genannten „Legestachel" zum Bohren, der bis zu 8 cm lang sein kann. Ganz typisch für Schlupfwespen sind auch ihre besonders langen Fühler.

Wo findet man sie?

Die Riesenschlupfwespe findest du vor allem an Bäumen in Nadel-wäldern.

Was frisst sie?

Die Wespe selbst ernährt sich von Blütennektar oder auch dem Honigtau von Blattläusen. Die Larven leben als Parasiten in Holzwespenlarven. Zuerst fressen sie deren Nahrung auf, dann die Larven selbst.

Lustig und spannend

Die Riesenschlupfwespe ist der natür-liche Feind der Holzwespen, die er-hebliche Holzschädlinge sind. Sie bohrt mit ihrem Legestachel deren Larven im Holz an und legt dann ihre Eier in ihnen ab. Die Natur sorgt so selbst für die Eindäm-mung von Schädlingen.

Gallische Feldwespe

Polistes dominulus

Wie sieht sie aus?

Die Gallische Feldwespe zeigt die typische schwarz-gelb gestreifte Wespenzeichnung, die du sicher kennst. Der Schwarzanteil überwiegt hier meist, was aber wechseln kann. Sie ist eine ganz besonders schlanke Wespe und wird 1,5–2,5 cm lang. Sie kann ihre Flügel über dem Rücken zusammenfalten, wenn sie sich niederlässt und ausruht.

Wo findet man sie?

Die Feldwespe mag buschreiches Gelände und offene Standorte. Sie fliegt bis zum Herbst. Du wirst sie eher im Süden finden, da sie es gern warm hat.

Was frisst sie?

Feldwespen suchen sich kleine Spinnen oder Insekten als Nahrung. Sie sind aber auch immer auf der Suche nach Süßem – Kuchen und Limonade sind nie vor ihnen sicher.

Lustig und spannend

Feldwespen sind ihre eigenen Klimaanlagen. Wenn es zu heiß ist, tragen sie Wasser in ihr Nest, das für Abkühlung sorgt. Ist es zu kalt, lassen sie ihre Flügel zittern, denn dadurch produzieren ihre Muskeln Wärme für das ganze Nest.

Schwarze Wegameise   *Lasius niger*

Wie sieht sie aus?

Es gibt bei den Ameisen Königinnen, Arbeiterinnen und die Ameisen-
männchen. Die Königin wird bis zu 1 cm groß, die anderen bleiben mit
2–4 mm deutlich kleiner. Die Schwarze Wegameise ist matt tief-
schwarz. Es gibt aber auch gelbe und braune Wegameisenarten.

Wo findet man sie?

Die Wegameise ist die häufigste Ameise
in unseren Breiten, und sehr anpas-
sungsfähig. Sie kommt auf ganz verschiedenen Geländen vor, sogar in Städten, wo sie auch in Häuser eindringen
kann. Hauptsächlich lebt sie aber in
ihrem Bau unter der Erde.

Was frisst sie?

Ihre Hauptnahrung ist der
Honigtau, der von Blatt-
läusen und Schildläusen
ausgeschieden wird. Aber
sie nehmen auch anderes
Süßes gern zu sich, und
manchmal sogar Fleisch
oder andere Insekten.

Lustig und spannend

Wegameisen halten sich ihre Nahrungsquelle Blattläuse als „Haustiere", indem sie sie auf Pflanzen tragen, die
näher am Nest liegen. Sie züchten die Läu-
se sogar innerhalb des Nestes. Als Gegen-
leistung für den Honigtau beschützen sie
die Blattläuse vor Fressfeinden wie z.B.
den Marienkäfern.

Gebänderte Prachtlibelle

Calopteryx splendens

Wie sieht sie aus?

Auch wenn der Name es nicht vermuten lässt: Die Gebänderte Prachtlibelle ist eher klein und nicht besonders auffällig. Wenn du sie aber genauer ansiehst, ist sie sehr hübsch: Du erkennst sie am metallischen Glanz von Körper und Flügeln, der beim Weibchen grüngolden ist. Das Männchen trägt auf seinen ebenfalls grünlichen Flügeln eine breite, blau schimmernde Binde (daher der Name). Ihr Körper ist sehr dünn und höchstens 5 cm lang.

Wo findet man sie?

Die Prachtlibellen leben in der Nähe langsam fließender Bäche und Flüsse mit sandigem Untergrund und sonnenbeschienenen Ufern. Ihre Flugzeit ist von Ende Mai bis Anfang September.

Was frisst sie?

Die erwachsene Libelle jagt fliegende Insekten. Die Larven fressen Kleinorganismen, die im Wasser leben.

Lustig und spannend

Prachtlibellen sind äußerst empfindlich gegenüber Wasserverschmutzung und anderen Veränderungen, die der Mensch an Gewässern vornimmt, wie z.B. Uferbegradigungen. Das hat dazu geführt, dass sie immer seltener wurden und heute geschützt sind.

Becher-Azurjungfer

Enallagma cyanthigerum

Wie sieht sie aus?

Die Männchen dieser Art haben eine hellblaue Grundfärbung. Die Weibchen sind dagegen grünlich gefärbt, und die Oberseite ihres Hinterleibs ist fast schwarz. Erkennbar ist die Becher-Azurjungfer an einer besonderen Rückenzeichnung. Sie befindet sich auf dem zweiten Abschnitt der Hinterleibs und hat eine Form, die ein wenig an einen kleinen Becher erinnert. Die Tiere werden nur etwa 3,5 cm lang.

Wo findet man sie?

Die Becher-Azurjungfer besiedelt gerne stehende oder auch langsam fließende Gewässer, vor allem wenn diese reich an Unterwasserpflanzen sind. Sie fliegt von Mai bis August.

Was frisst sie?

Die erwachsene Libelle jagt fliegende Insekten. Die Larve ernährt sich von Kleinorganismen, die im Wasser oder am Bodengrund leben.

Lustig und spannend

Das Weibchen legt seine Eier in Pflanzen, die sich unter der Wasseroberfläche befinden. Dabei bohrt es die Eier richtig in die Pflanzenteile ein, und taucht dabei selbst oft mit dem ganzen Körper unter.

Stechmücke   *Theobaldia annulata*

Wie sieht sie aus?

Sicher hast du auch schon öfter Bekanntschaft mit einer Stechmücke gemacht: in Form eines juckenden Mückenstichs. Wenn du eine Mücke unter dem Mikroskop betrachten würdest, könntest du die Stechborsten mit vielen kleinen Zähnchen am Rüssel erkennen. Der Hinterleib der weiblichen Stechmücke ist fast durchsichtig und kann das Doppelte des eigenen Gewichts an Blut aufnehmen.

Wo findet man sie?

Mücken gibt es überall da, wo Menschen und Tiere leben. Vor allem an stehenden Gewässern, aber auch an Bächen und Flüssen schwirren sie zu Tausenden herum und können im Spätsommer zu einer echten Plage werden.

Was frisst sie?

Nur die Weibchen der Stechmücke saugen Blut, das sie für ihre Eiproduktion brauchen. Die Männchen sind Vegetarier, die nur Blütennektar saugen.

Lustig und spannend

Mücken stechen in unsere Haut ein, indem sie schnell mit den Stechborsten raspeln. Es dauert etwa 1 Minute, bis der Rüssel zur Hälfte in der Haut ist. Das merken wir aber meist noch gar nicht. Der Juckreiz kommt dann erst durch die Speichelflüssigkeit, die die Mücke abgibt, damit unser Blut flüssig bleibt. Und dann ist es schon zu spät …

Wollschweber *Bombylius*

Wie sieht er aus?

Der Wollschweber sieht fast wie eine Hummel aus, ist aber eigentlich eine Fliege. Sein Körper ist wie der einer Hummel ganz von einem dichten, weichen Haarpelz bedeckt, woher er auch seinen Namen hat. Sein Saugrüssel ist besonders lang, fast so lang wie sein ganzer Körper: etwa 1 cm.

Wo findet man ihn?

Wollschweber kannst du vor allem im Frühjahr beobachten. Sie besuchen Blüten, sind aber auch an Waldrändern oft zu entdecken. Sie lieben das Sonnenbaden auf warmer Erde.

Was frisst er?

Die Fliege selbst ernährt sich von Blütennektar, den sie im Schwirren vor der Blüte „stehend" aussaugt. Die Larven leben dagegen von Wespen- und Bienenlarven.

Lustig und spannend

Wollschweberweibchen tarnen ihre Eier mit Sandkörnern und legen sie an den Eingang von Bienen- und Wespenbauten. Die Larven schlüpfen und dringen in die Nester der neuen Wirte ein. Zunächst fressen sie nur deren Nahrung, aber danach auch die Larven selbst auf.

Hainschwebfliege

Episyrphus balteatus

Wie sieht sie aus?

Schwebfliegen können leicht mit Wespen verwechselt werden, da ihr Hinterleib sehr ähnliche, gelb-schwarze Streifen zeigt. Wenn du genauer hinsiehst, merkst du jedoch, dass sie nur zwei Flügel besitzen (Wespen haben vier) und im Gegensatz zu den Wespen auch behaart sind. Gesicht und Beine sind gelb. Sie werden etwa 1 cm groß.

Wo findet man sie?

In Massen schwirren Hainschwebfliegen von Mai bis August, und zwar vor allem über Feuchtgebieten, Wäldern und auch im Gebirge.

Was frisst sie?

Die Larven der Hainschwebfliegen ernähren sich von Blattläusen und anderen kleinen Lebewesen. Die erwachsenen Fliegen saugen dagegen rein vegetarisch Blütennektar und Pollen, wobei sie besonders gerne gelbe Blüten anfliegen.

Lustig und spannend

Die Verwechslung der Schwebfliegen mit den Wespen soll auch so sein. Die Schwebfliege imitiert das Aussehen der Wespe absichtlich, um genau wie diese von Angreifern als gefährlich eingeschätzt zu werden. Man nennt dieses Verhalten „Mimikry".

Großes Grünes Heupferd

Tettigonia viridissima

Wie sieht es aus?

Das Grüne Heupferd ist eine riesige Laubheuschrecke mit langen, dünnen Fühlern. Das Weibchen erkennst du an einem Legestachel, der die Form eines Säbels hat und mit dem es seine Eier in Bodenspalten ablegt. Hinten hat es lange, kräftige Sprungbeine. Die Flügel sind länger als der Körper und lassen sich seitlich über dem Körper zusammenlegen.

Wo findet man es?

Das Heupferd findest du an Büschen, Bäumen und allgemein an hohen Pflanzen, ebenso auf Wiesen und Getreidefeldern. Die erwachsenen Tiere erscheinen von Juli an, und die Männchen „singen" von Juli bis November.

Was frisst es?

Sowohl die Heupferdlarven als auch die erwachsenen Heuschrecken ernähren sich von kleinen Tieren wie Insekten und deren Larven, aber auch von Pflanzenteilen.

Lustig und spannend

Die Heupferdmännchen klettern nachts gerne in Baumkronen und lassen von dort ihren lauten „Gesang" ertönen, indem sie die Flügel aneinander reiben. Er kann mit dem Zirpen der Grillen verwechselt werden, das aber viel früher im Jahr und nie von Bäumen her ertönt.

Maulwurfsgrille

Gryllotalpa gryllotalpa

Wie sieht sie aus?

Wie richtige Maulwürfe haben auch die Maulwurfsgrillen Vorderbeine, die an den Kanten dicke Dornen tragen und wie Grabschaufeln aussehen und funktionieren. Die Grillen sind braungelb und werden etwa 5 cm groß. Sie sind sehr kräftig gebaut, mit einem dicken Schild am Hals. Ihre Flügelpaare sind relativ kurz, ebenso ihre Fühler.

Wo findet man sie?

Sie kommen vor allem auf Wiesen und Äckern vor und auf Flächen, die nicht so dicht bepflanzt sind. Sie bewohnen dort selbst gegrabene Gänge. Nur zur Paarungszeit kommen sie an die Oberfläche. Abends kannst du sie aber auch fliegen sehen.

Was frisst sie?

Maulwurfsgrillen ernähren sich vor allem von Insektenlarven und Würmern. Deshalb richten sie wenig Schaden an Pflanzen an. Nur selten fressen sie Wurzeln an oder schaufeln junge Pflanzen durch ihr Wühlen aus der Erde.

Lustig und spannend

Die Maulwurfsgrillen machen sonderbare Musik: Sie erzeugen durch Aneinanderreiben ihrer Flügel ihre typischen Schnarrlaute, wodurch mal ein höherer, mal ein tieferer Ton entsteht.

Roesels Beißschrecke

Metrioptera roeseli

Wie sieht sie aus?

Roesels Beißschrecke (sie trägt ihren Namen nach Roesel von Rosendorf, der sie vor 200 Jahren zum ersten Mal beschrieben hat) hat einen grünen oder braunen Körper. Am Kopf, knapp oberhalb der Augen, sind schwarze Längsstreifen zu sehen. Die Ränder des Halsschildes haben einen hellen Rand. Die Tiere sind etwa 1,5–2 cm lang, und die braunen Flügel reichen bis zur Mitte des Hinterleibs.

Was frisst sie?

Die Beißschrecke ernährt sich vor allem von Gräsern, verachtet aber auch kleine Insekten oder Larven nicht.

Wo findet man sie?

Sie ist eine unserer häufigsten Laubheuschrecken. Sie kann sowohl feuchte als auch trockene Wiesen für sich als Lebensraum nutzen und kommt bis in Höhenlagen von 1500 m vor. Die erwachsenen Tiere findest du von Juli bis Oktober vor.

Lustig und spannend

Roesels Beißschrecken haben nur sehr kurze Flügel, mit denen die Tiere nicht mehr richtig fliegen können. Auf den Flügeln sitzen aber wichtige Organe, mit denen sie ihre hohen Zirptöne produzieren können, die sie dann unermüdlich vortragen.

Gemeine Stubenfliege

Musca domestica

Wie sieht sie aus?

Stubenfliegen werden 6–8 mm lang und leben meist nur wenige Tage (im Höchstfall bis zu 6 Wochen). Ihr Körper ist grau, die Beine sind schwarz. An ihnen sitzen Haftläppchen mit Hafthaaren, mit denen die Fliegen überall gut Halt finden und mit denen sie außerdem auch noch schmecken(!). Der Saugrüssel, mit dem sie ihre Nahrung aufnehmen, ist nach unten gerichtet.

Wo findet man sie?

Die Hauptaktivitätszeit der Stubenfliegen erstreckt sich bei uns von Mai bis Oktober. In dieser Zeit finden man sie überall in Menschen- und Viehnähe, in Küchen, Ställen, auf Müllplätzen und Misthaufen.

Was frisst sie?

Stubenfliegen fressen vor allem Dung und Mist aus der Tierhaltung, aber auch verwesende Nahrungsreste in Mülltonnen. Zucker lieben sie besonders! Die Weibchen legen bis zu 2 000 Eier vorwiegend auf Mist, Komposthaufen und Müllplätzen ab.

Lustig und spannend

Die Stubenfliege ist ein geschickter Pilot, sie fliegt 2 m pro Sekunde und schlägt in derselben Zeit etwa zweihundertmal mit ihren Flügeln! Weil sie so hartnäckig und neugierig ist, war sie im alten Ägypten übrigens ein Symbol für Tapferkeit. Mutigen Kriegern wurden Fliegenmedaillen verliehen.

Florfliege *Chrysopa perla*

Wie sieht sie aus?

Eine Florfliege hast du vielleicht schon
einmal in der Wohnung gesehen, denn
die Tiere überwintern oft in Gebäuden.
Es sind kleine Insekten mit zarten Kör-
pern, die metallisch grün glänzen. Ihre
Fühler sind fast körperlang und wie
durchsichtige Häutchen, mit grünen Netz-
adern durchzogen. Die goldglänzenden,
großen Augen haben der Florfliege auch
den Namen „Goldauge" eingebracht.

Wo findet man sie?

Florfliegen sind überall dort in der Pflanzenwelt zu finden, wo es
Blattläuse gibt. In Sommer und Herbst hast du die besten Chancen, sie
draußen beobachten zu können. Sie sind allerdings eher nachtaktiv,
fliegen aber gerne zum Licht hin.

Was frisst sie?

Die Larven der Florfliegen
haben Saugzangen und sau-
gen damit Blattläuse aus. Sie
heißen deshalb auch „Blatt-
lauslöwen". Die erwachsenen
Florfliegen ernähren sich von
Blattlausausscheidungen.

Lustig und spannend

Wenn die Florfliegen
überwintern, wechseln
sie ihre Farbe von Grün
zu Braun. Im folgen-
den Frühjahr werden
sie dann wieder grün.

Eintagsfliege

Ephemera vulgata

Wie sieht sie aus?

Eintagsfliegen erkennst du leicht daran, dass sie drei lange Schwanz-borsten tragen. Die Tiere selbst sind ca. 2 cm lang, und die Schwanz-borsten machen noch einmal ca. 3,5 cm aus. Ihre fast dreieckigen Vor-derflügel sind durchscheinende Häute mit vielen Adern und dunkel-braunen Flecken und Streifen. Auch die 1–2 cm großen Larven haben lange Schwanzfäden.

Wo findet man sie?

Sie kommen immer in der Nähe von Gewässern vor, die idealerweise sau-ber sind und nur langsam fließen.

Was frisst sie?

Die Larven leben von pflanzlichen Abfällen und Algen, die erwachsenen Tiere nehmen überhaupt keine Nahrung zu sich.

Lustig und spannend

Eintagsfliegen haben ihren Na-men daher, dass sie nur sehr kurz leben. Nicht wörtlich einen Tag lang, aber von we-nigen Stunden bis zu höchs-tens zwei Tagen.

Grüne Blattlaus *Aphis*

Wie sieht sie aus?

Blattläuse gibt es in grüner, brauner oder schwarzer Farbe. Ihr Kopf ist zugespitzt und trägt einen Saugrüssel, der Hinterleib ist dagegen breit und abgerundet, mit röhrchenförmigen Fortsätzen. Es gibt ungeflügelte Blattläuse und solche mit dünnen, häutigen Flügeln. All das erkennt man aber nur sehr schwer, weil sie so extrem winzig sind: 1–3 mm!

Wo findet man sie?

Es gibt kaum eine Pflanze, die nicht von den gefräßigen Saugern befallen wird. Du kennst sie sicher von den Zimmerpflanzen in der Wohnung. Blattläuse gehen hauptsächlich an geschwächte Pflanzen und an die Stellen, wo am meisten Zucker zu holen ist: frische Knospen, Blüten, junge Triebe.

Lustig und spannend

Blattläuse können sich in enormen Mengen vermehren und sind dann erhebliche Schädlinge an Zier- und Gemüsepflanzen. Andererseits sind sie für viele andere Insekten eine wichtige Nahrungsquelle.

Was frisst sie?

Blattläuse saugen Pflanzensaft.

Ohrwurm *Forficula auricularia*

Wie sieht er aus?

Ohrwürmer sind kleinere, lang gestreckte und dunkelbraun gefärbte Insekten. Sie werden bis zu 2,5 cm lang. An ihrem Körperende tragen sie eine kräftige Greifzange. Sie ist bei den Männchen ganz stark gebogen, bei den Weibchen dagegen eher gerade. Ihre Fühler sind lang und dünn. Auch wenn es auf den ersten Blick nicht so aussieht: Ohrwürmer haben Flügel und können auch fliegen!

Wo findet man ihn?

Ohrwürmer sind weit verbreitet. Du kannst sie am Boden unter Blumentöpfen und Steinen, in Erdspalten und an anderen dunklen Stellen (aber nie in Ohren!) aufstöbern. Auch ins Haus kommen sie schon mal. Im Winter vergraben sie sich in der Erde.

Was frisst er?

Ohrwürmer ernähren sich gerne von Pflanzen, besonders von Blüten. Daneben fressen sie auch kleine Insekten.

Lustig und spannend

Ohrwürmer fressen Blattläuse und sind nützlich für alle, die einen Garten haben. Du kannst ihnen ein Zuhause bauen, wenn du einen Blumentopf mit Stroh füllst und ihn kopfüber an einen Baum hängst. Die Ohrwürmer werden ihn gerne bewohnen!

REGISTER

BILDQUELLEN

adpic Bildagentur: 38, 70, 72, 74, 88, 90

Hellmut Beck: 39

Jonathan Fiagbedzi: 78

Glühwürmchenprojekt Zürich: 30, 31

Günther Schmaus: 54

PixelQuelle.de: 9, 11, 13, 15, 17, 21, 33, 34, 35, 36, 37, 41, 49, 52, 54, 56, 57, 61, 66, 77, 83, 80, 84, 85, 86, 91

stock.xchng: 4 (Min Broughton), 5 (Trish Splonko), 10 (I.M. Birchall), 12 (Daniela Baack), 14 (Palmer W. Cook), 16 (Gail Kewney), 18 (Kiss Zoltán), 24 u. 25 (Daniela Baack), 42 u. 43 u. 93 (Margus Kyttä), 44 u. 46 (Jan de Bondt), 48 (Thomas Warm), 51 (Rasto Belan), 53 (Belin Czechowicz), 59 (Jack Inas)

Walter Wimmer, Salzgitter: 6, 7, 8, 22, 23, 26, 28, 29, 32, 60, 62, 64, 68, 76, 82

wikipedia: 20 u. 47 (Darkone), 50 u. 55 u. 58 (Richardfabi), 63 (Reto Burri), 65 u. 69 (Matthias Zimmermann), 75 (Fritz Geller-Grimm), 81 (Eszter Kovács), 83 (Olaf Leillinger), 87 (Sönke Behrends), 92

Naturführer für Kids
Heimische Insekten

© 2009 Tandem Verlag GmbH

7Hill, 2011
7Hill ist ein Imprint der Tandem Verlag GmbH

Alle Rechte vorbehalten

Text: Gudrun Hoffmann (für rheinConcept)
Redaktion, Design und Satz: rheinConcept, Wesseling

Illustrationen: Laura Bayless
Einbandgestaltung: heike.grewe@antproduction.de
und agilmedien, Köln
Einbandabbildungen: aus dem Innenteil, siehe Bildquellen
Gesamtherstellung: Tandem Verlag GmbH

ISBN 978-3-8331-8037-8

10 9 8 7 6 5 4 3 2